www.ingramcontent.com/pod-product-compliance
Lightning Source LLC
Chambersburg PA
CBHW070807220526
45466CB00002B/586
* 9 7 8 1 6 5 0 5 5 8 8 3 7 *